Dieses Buch gehört:

DER ANTREIBER

DIE WANDLUNG

für Heranwachsende und Erwachsene

Elisabeth Langenbach

Widmung

Ich wurde durch meine eigene Kindheit und Jugend inspiriert dieses Buch zu schreiben. Deshalb widme ich es Dir und Deinem inneren Kind, egal wie jung oder alt Du bist. Es möge Dich beim Lesen berühren, Dir Leichtigkeit in Dein Leben bringen und Dir helfen, all Deine großartigen Eigenschaften und Talente leben zu können.

Versuche nicht, perfekt für andere zu sein - sei einfach nur **vollkommen** Du selbst, denn Du bist wunderbar, so wie Du bist!

Deine Elisabeth Langenbach

Elisabeth Langenbach, geboren 1973 in Wien, ist Lebens- und Sozialberaterin, systemische Aufstellungsleiterin und Begründerin der psychosozialen Beratungsmethode „Priorität Mensch“. Von jeher war die Autorin davon fasziniert, „hinter die Kulissen zu schauen“ und überzeugt, dass es noch viel mehr zwischen Himmel und Erde gibt, als das was wir sehen oder angreifen können. So begleitet sie ihre Klienten mit viel Einfühlungsvermögen und Kompetenz auf ihren Lösungswegen.

https://www.prioritaet-mensch.at

Das Schreiben von Büchern für Heranwachsende und Erwachsene ist ihre neue Leidenschaft. Ein großes Anliegen der Autorin ist es, Kindern und Jugendlichen zu helfen mit Leistungsdruck und Anforderungen besser umgehen und mit Freude ihr Potential leben zu können. Aber ebenso sehr liegt es ihr am Herzen, Erwachsene zu unterstützen mit ihrem inneren Kind mehr in Kontakt und damit wieder in ihre innere Kraft zu kommen.

„Schon wieder so ein Tag!" Frustriert lasse ich mich auf den bequemen alten Ohrensessel meiner Oma fallen. Lumpi, der zottelige Rauhaardackel meiner Großmutter, kommt sofort schwanzwedelnd zu mir und kuschelt sich mit mitleidigem Blick an mein Bein.

Meine Oma wohnt praktischerweise ganz in der Nähe meiner Schule in einem kleinen Schrebergartenhäuschen. Ich besuche sie öfter auf meinem Weg nach Hause und helfe ihr auch hie und da bei der Arbeit im Kräutergarten. Sie ist der liebenswürdigste Mensch, den ich kenne und hat immer ein offenes Ohr für mich.

„Was ist passiert, mein Schatz?", fragt sie.

Mit einem tiefen Seufzer erzähle ich ihr von meinem Tag und schütte ihr mein Herz aus.

Es hatte bereits frühmorgens mit Ärger begonnen, weil ich zu spät dran war und meine Mutter geschimpft hat, warum ich nie rechtzeitig aufstehen kann. In der Eile habe ich dann mit meinem Ellenbogen auch noch Papas Kaffeetasse runtergestoßen, welche gleich in tausend Scherben zersprungen ist und ihn in die Küche gelockt hat. „Das gibt's ja nicht! Kannst du gar nichts richtig machen?!", hat er mich angebrüllt.

Also bin ich schnell raus bei der Türe und in die Schule gelaufen. Dort ging es ähnlich weiter.

„Mein liebes Kind, wenn du so weitermachst, bleibst du sitzen. Anscheinend bist du noch immer zu dumm für diese Aufgaben!“ Mit diesen Worten überreichte mir meine Mathe-Lehrerin die Schularbeit und schüttelte missbilligend den Kopf. Total deprimiert saß ich dann den restlichen Schultag mit verquollenen Augen in der letzten Reihe und fühlte mich nur noch schlecht. Ich hatte einen riesigen Stein im Magen und das Gefühl für nichts gut genug zu sein. Ich war einfach nur traurig und enttäuscht.

„Niemand mag mich! Keiner versteht mich! Alle machen mir nur Druck!“ Und am größten ist der Druck in meinem Inneren.

Wieder hörte ich diese innere Stimme. Sie spricht in den verschiedensten Situationen zu mir. Wenn ich an meinen Schularbeiten sitze oder für einen Test lernen muss, aber auch wenn ich bastle, zeichne oder mit meinem Musikinstrument übe. „Komm, mach schon! Das ist noch nicht gut genug! Das geht noch besser! Wenn du es nicht besser machst, haben dich Papa und Mama nicht mehr lieb! So kannst du das nicht lassen! Perfekter!!! Bist du zu dumm dafür?! Du bist ja nur zu faul! Auf jetzt! Schneller! Streng dich an!“

Tränen laufen über mein Gesicht. Ich umarme meine

angezogenen Beine, und mein Kopf sinkt niedergeschlagen auf meine Knie. Der Stein in meinem Magen wiegt eine Tonne und mein Herz ist schwer.

Meine Oma hat mir wortlos zugehört und setzt sich nun zu mir auf die Lehne des alten Sessels. Sie reicht mir ein Taschentuch und streichelt mit ihrem Handrücken liebevoll über meine Wange. „Wer ist das, der dir solche Sachen sagt und dich so unter Druck setzt? Kennst du ihn?"

„Nein, keine Ahnung. Ich höre ihn immer, wenn ich etwas nicht gut kann oder ich zu langsam bin oder die Lehrerin mit mir schimpft. Es ist, als ob mich etwas extrem stark antreiben würde", antworte ich.

„Hmmm … ein Antreiber also. Was will er von dir? Hast du denn überhaupt noch Freude am Lernen?", fragt meine Oma weiter.

„Nein, ich bin nicht gut genug. Ich schaffe das alles nicht. Ich bin zu dumm. Ich habe gar keine Freizeit mehr oder Zeit für meine Freunde. Ich bin nicht so, wie sie mich wollen. Ich glaube Mama und Papa haben mich gar nicht mehr lieb … und ich, ich kann mich auch nicht leiden!", schluchze ich verzweifelt.

Oma nimmt mich in den Arm und drückt mich an ihre Brust. „Ist schon gut. Du bist nicht dumm, sondern wunderbar so wie du bist! Vielleicht solltest du dir diesen Antreiber einmal ansehen. Wenn er in dir versteckt ist, kannst du ja einmal versuchen mit ihm zu reden. Was meinst du?"

„Wie soll ich das machen?", erwidere ich. „Nun, vielleicht begegnet ihr euch ja in deinen Träumen ...", meint sie und lächelt mich an.

Nach dem Gespräch mit meiner Oma geht es mir ein bisschen besser und so beschließe ich auf dem Nachhauseweg meinen „Antreiber" zu treffen. Ich weiß zwar nicht, wie ich das anstellen soll, aber ich bin aus irgendeinem Grund zuversichtlich, dass es passieren wird.

Nachdem ich meine Hausübungen noch erledigt habe, bin ich ziemlich geschafft und gehe auch gleich im Anschluss an das Abendessen ins Bett. Trotz meiner Müdigkeit, spüre ich eine Unruhe, die mich nicht einschlafen lässt. Ich erinnere mich an eine Übung, die mir einmal meine Mutter beigebracht hat, um mich besser entspannen zu können.

Also schließe ich meine Augen und richte meine ganze Aufmerksamkeit auf meinen Atem.

Einatmen, ausatmen … langsamer …

einatmen, ausatmen … tiefer …

einatmen, ausatmen … länger …

einatmen, ausatmen … ein und aus …

bis ich ganz ruhig bin und in den Schlaf sinke.

Vor meinem inneren Auge erscheint fast augenblicklich eine karge Kraterlandschaft. So weit das Auge reicht, nur Felsen und Sand, Grau in Grau. Am Rande eines Abgrundes sehe ich jemanden stehen. Mein Herz beginnt wild zu klopfen. Ich weiß sofort, wer es ist. Mein Antreiber!

Breitbeinig steht er da in seiner rotglühenden Flammenpracht und schwingt eine lange Peitsche über seinem Kopf. Er ist furchteinflößend, aber auch faszinierend, kraftvoll und ehrfurchtgebietend. Mindestens drei Meter groß ist er, hat einen Stierkopf auf seinen Schultern und Hufe statt Füßen. Sein ganzer Körper ist muskelbepackt. Flammen schlagen aus seinem Feuerkörper hervor.

In mir regt sich das nur allzu bekannte Gefühl, nicht gut genug zu sein. Der Stein in meinem Magen ist wieder da und ich fühle mich, als würde ich schrumpfen. Ich habe Angst und Schweißperlen bilden sich auf meiner

Stirn. „Ich muss hier weg! Schnell!", flüstere ich panisch zu mir selbst.

„Ganz ruhig, mein Schatz! Ich bin da. Du musst dich dem nicht alleine stellen", höre ich meine Oma sagen.

Überrascht drehe ich mich um und da steht sie wirklich, meine Oma! Lumpi ist auch hier und springt wedelnd an mir hoch. Ich war in meinem Leben noch nie so erleichtert, wie in diesem Moment.

„Oma, Gott sei Dank! Du bist da! Ich wollte gerade weglaufen!"

„Weglaufen ist keine Lösung! Ich bin hier, um dich zu unterstützen. Ich gebe dir die nötige Kraft. Wenn ich bei dir bin, kann dir nichts passieren", beteuert meine Großmutter und zwinkert mir aufmunternd zu. „Also los, pack den Stier bei den Hörnern!"

Ich nehme meinen ganzen Mut zusammen und wispere schüchtern in die Richtung des Antreibers: „Feuerteufel, darf ich kurz mit dir sprechen?"

Er streift mit einem kurzen Seitenblick abschätzig über mich, unterbricht jedoch sein Peitschenschnalzen nicht. „Was willst du? Hast du nichts zu tun?", bellt er mir entgegen.

Mit hängenden Schultern schaue ich ängstlich zu

meiner Oma. Sie legt mir ihre Hand auf den Rücken und im selben Augenblick durchflutet mich eine unglaubliche Wärme und Kraft. Meine Schultern gehen zurück, mein Rücken strafft sich, und ich richte mich breitbeinig zu voller Größe auf. Ich spüre wie all mein Frust, meine Traurigkeit und mein Zorn sich einen Weg an die Oberfläche bahnen. Meine Schüchternheit ist vergessen und ich werfe ihm entgegen: „So geht es nicht mehr weiter! Das ist mein Leben und ich habe es satt, dass du mich ununterbrochen antreibst und traurig machst. Warum tust du das? Warum quälst du mich so?"

Wütend dreht sich der Feuerteufel mir zu und schnalzt seine Peitsche in einem Funkenregen in meine Richtung. Ganz knapp an meinem linken Ohr spüre ich den Luftzug der vorbeizischenden Peitschenspitze. Er brüllt mir entgegen: „Du wagst es?! Wenn ich will, kann ich dich vernichten! Ich kann dich so antreiben, dass du kein Glück mehr im Leben siehst und nur mehr verbissen arbeitest. Doch es wird nie gut genug sein. Und am Ende wirst du erschöpft zusammenbrechen! Spüre meine Macht!"

Erschrocken weiche ich einen Schritt zurück und wende mich hilfesuchend zu meiner Großmutter um.

Ein unglaubliches Farbenspiel erfüllt ihre Silhouette, ihre Konturen verschwimmen, breiten sich strahlend aus und reduzieren sich wieder auf eine warmleuchtende Gestalt. Eine wunderschöne Frau steht plötzlich vor mir, doch ich kenne diese Augen. Es ist immer noch meine Oma, nur in einer anderen Gestalt. „Was passiert hier? Bist du nicht meine Oma?", stammle ich verdutzt. Sie nimmt mich bei der Hand und schaut mir tief in die Augen: „Ich bin die Liebe, Mutter aller Dinge, mein Kind, und ich bin immer für dich da! Der Antreiber kann ohne dich nicht leben! Das ist sein Geheimnis!" Sie drückt meine Hand und zwinkert mir wieder aufmunternd zu.

Ich atme tief ein und wieder aus und sammle abermals all meinen Mut in mir. „Wenn ich vergehe, bleibt auch von dir nichts übrig!", entgegne ich dem Antreiber bestimmt.

Der Feuerteufel hält abrupt inne und blickt mich schockiert an. „Du weißt also, dass ich ohne dich nicht existieren kann? Zwei gegen einen - das ist unfair!", jammert er.

Nun habe ich endlich seine Aufmerksamkeit und richte abermals das Wort an ihn: „Ja, das ist mir jetzt bewusst. Also müssen wir dringend etwas ändern! So kannst du hier nicht mehr weitermachen!“

„Wie meinst du das? Du kannst mich doch nicht einfach rausschmeißen. Ich arbeite hier doch schon seit Jahren und gebe mein Bestes!“, klagt er nun schon deutlich beunruhigt.

Das Feuer meines rotglühenden „Freundes“ kühlt sich merklich ab. Er flackert jetzt nur noch in einem rötlichen Orange, lässt sich grollend auf einen Felsen plumpsen und die Peitsche zu Boden sinken.

Nun richtet meine Liebe das Wort an ihn: „Schau Antreiber, hier gibt es eine Arbeitskraft, welche dringend Unterstützung braucht. Es ist das Feuer der Leidenschaft. Du hast ihr mit deiner Tätigkeit bisher so zugesetzt, dass sie ernsthaft in Gefahr ist. Aber die Leidenschaft ist ungeheuer wichtig. Denn wir brauchen sie zum Leben, wie Nahrung und Schlaf! Sie füllt uns mit positiver Energie, lässt Mühsames leicht erscheinen, bringt Freude in all die Arbeit, lässt die Zeit schneller vergehen und steigert den Spaß in allem, was man tut, ins Unermessliche. Ohne sie gibt es kein lautes Lachen mehr, keine Begeisterung und keine Freude. Ja, auch alle Talente würden ohne sie früher oder später vergehen. Es wäre alles eintönig, langweilig und anstrengend. Schlussendlich wäre dann auch dein Job als

Antreiber in Gefahr. Denn wo keine Energie mehr ist, um etwas anzupacken, geht deine Peitsche ins Leere. Es bleiben nur mehr Frust, Trauer und Selbstzweifel."

Der Feuerteufel stützt bekümmert die Ellenbogen auf die Knie und sein Kinn in die Hände. Traurig zieht er seine Augenbrauen zusammen und atmet mit einem tiefen Seufzer aus. „Also gut, dann erkläre mir, was ich tun kann", sagt er.

Während ich in ein paar Metern Entfernung auf einem Felsen sitze und die Szene gebannt verfolge, erfüllt mich plötzlich ein leichtes Prickeln am ganzen Körper. Abseits der kargen Landschaft, wo Lumpi gerade noch rumgetobt hat, dehnen sich nun auch die Konturen des kleinen Hundes in hellem Strahlen aus, und er leuchtet in gelb-orangenem Feuer, welches ein sanftes, aber helles Licht auf die Felsen wirft. Langsam bildet sich aus diesem Feuer eine Gestalt heraus. Es ist ein feenhaftes Geschöpf, welches in fließende feurige Gewänder gehüllt ist. Die langen Haare schweben um seinen Kopf, als wäre es unter Wasser.

„Seid gegrüßt!“, hallt es durch die Landschaft. „Ich bin die Leidenschaft!“ Die Energie der Leidenschaft breitet sich sachte aber unaufhaltsam aus, erfasst alles um uns herum und lässt es in ihrem Licht erstrahlen. Der graue Sand verändert seine Farbe in ein warmes Beige und die Felsen leuchten in allen Braunschattierungen. Auch der Antreiber wird von den warmen Wellen durchdrungen. Sein betrübter Blick verschwindet nach und nach und er beginnt zu lächeln.

Schwungvoll erhebt sich der feurige Riese und strahlt über das ganze Gesicht. „Ich fühle mich, als könnte ich Bäume ausreißen! Ich könnte vor Freude platzen! Was machst du nur mit mir?“

„Ich habe dich lediglich von meinem Feuer kosten lassen!“, lacht sie. „Aber das ist noch gar nichts. Wenn du mich mit deiner Energie unterstützt und nährst, können wir gemeinsam Unglaubliches vollbringen!“, schallen die Worte der Leidenschaft durch unsere Köpfe.

„Sag mir, was ich tun soll! Ich möchte mehr von diesem Gefühl. Nie wieder will ich grollend die Peitsche schwingen und mich im Schweiße meines Angesichts verausgaben müssen. Ich habe genug von der schweren Arbeit, die nur Unzufriedenheit und Zorn hervorbringt!“, ruft der Antreiber begeistert.

Wohlwollend blickt die Leidenschaft auf den Feuerteufel und kommt näher. „Als Erstes müsstest du dich von deiner Peitsche trennen, denn was aus Leidenschaft getan wird, ist gespeist von Liebe und nicht von Zwang!“ erwidert sie.

Erschrocken fixiert der Antreiber seine Peitsche und umfasst sie noch fester in seiner rechten Hand. Panik durchdringt ihn und eine rotgoldene Träne rollt über seine Wange, während er spricht: „Die Peitsche ist wie ein Teil von mir. Sie ist mein Diener, mein Freund! Nie hat sie mich im Stich gelassen. Ohne sie bin ich ganz alleine. Ich habe Angst sie zu verlieren.“

Die Liebe gesellt sich nun zu ihnen: „Ich möchte dir noch jemanden vorstellen.“, haucht sie, während sie ihm sanft über den Kopf streicht. Es knistert in der Luft wie elektrisiert, und als ob die Sonne langsam aufgeht, wird es immer heller. Die ganze Landschaft ist in ein warmes Licht getaucht. Zwischen den Felsen sprießen Gräser und Blumen hervor, und ein Krater füllt sich mit Wasser. Vögel zwitschern und Fische tauchen in dem Teich auf. Ein Paradies entsteht in Sekundenschnelle und ersetzt die karge Landschaft. Die Luft flimmert vor dem Feuerteufel, und wie aus einem Sonnenstrahl geboren, erscheint ein Wesen nach dem anderen aus weißgleißendem Licht.

„Dies sind meine Kinder!“, verkündet die Liebe voller Stolz. Sie zeigt auf die schemenhaften Gestalten, die in allen Regenbogenfarben schillern. „Das sind die Zwillinge Freude und Spaß, die Leichtigkeit, die Kreativität, die Schöpferkraft, der Optimismus, die Begeisterung, das Einfühlungsvermögen, und die Leidenschaft hast du ja bereits kennengelernt. Werde eines meiner Kinder und ich verspreche dir, du wirst deine Peitsche nicht vermissen.“

Langsam schweben die lichtvollen Erscheinungen näher und umschmeicheln den Feuerteufel wie ein ringförmiger Regenbogen. Zu Tränen gerührt sieht er zu ihnen auf. „Wenn es so wunderbar sein kann, möchte ich gerne meine Peitsche hergeben. Hier ist sie!“, flüstert er ergriffen und hält ihnen seine Peitsche entgegen.

„Nein. Wir wollen sie dir nicht nehmen. Sie hat dir lange treu gedient. So werden wir sie ehren, ihr danken und sie in Liebe Mutter Erde übergeben“, spricht die Liebe. Zeitgleich bildet sich zu ihren Füßen eine Mulde im Erdreich.

Der Antreiber lässt die Peitsche in die Grube sinken

und bedankt sich für ihre langjährigen Dienste. Wie von Geisterhand schließt sich die Mulde wieder über der Peitsche, und Mutter Erde nimmt den treuen Diener in sich auf.

Die Liebe nimmt den Feuerteufel an der Hand und spricht: „Bist du bereit, in unseren Kreis miteinzutreten und die Leidenschaft zu unterstützen?"

Im Herzen berührt nickt der Antreiber und lässt sich zur Leidenschaft führen. Währenddessen bilden die anderen Energien einen buntschimmernden Kreis um sie.

Die Leidenschaft nimmt den Feuerteufel bei beiden Händen, blickt ihm voller Zuneigung in die Augen und verkündet: „Ich freue mich, dass du jetzt zu uns gehörst. Du bist nun nicht mehr länger der Antreiber und Feuerteufel. Ab jetzt ist dein Name EIFER!"

Im selben Moment, als der neue Name ausgesprochen wird, lodert das Feuer der Leidenschaft in meterhohen Flammen, durchdringt den Feuerteufel und nimmt ihn ganz und gar in sich auf. Sein rotglühendes Feuer wird gelb-orange, wie das der Leidenschaft, seine Stierhörner und Hufe verschwinden, und es erscheint stattdessen ein elfengleiches Wesen voller Anmut und Kraft.

Hand in Hand steht nun die Leidenschaft mit dem Eifer in ihrer feurigen Energie und erfüllt mich von innen heraus mit einer unglaublichen Stärke. Bis in meine Finger- und Zehenspitzen spüre ich die Energiewellen prickeln und meine Haare stellen sich auf.

Jubelnd tanzen alle Kinder der Liebe um die beiden und heißen den Eifer herzlich willkommen.

Ich bade förmlich in dieser freudvollen Energie und genieße das wunderbare Glücksgefühl mit all meinen Sinnen. Ganz sachte ebbt die überwältigende Flut ab, und die angenehme Wärme von Zufriedenheit sowie eine kleine lodernde Flamme Tatendrang bleiben in mir bestehen.

Mit einem Lächeln auf den Lippen komme ich langsam aus meinem Traum zurück. Ich fühle wieder meine Arme und Beine und die weiche Bettdecke über mir.

Noch mit den Worten der Liebe im Ohr, öffne ich meine Augen. „Lieber Eifer, mit deiner Kraft und Unterstützung wird uns alles gelingen, denn nichts ist stärker und erfüllender als mit Eifer und Leidenschaft sein Leben zu leben!“

Es ist noch recht früh am Morgen, und ich könnte sicher noch eine halbe Stunde liegenbleiben. Ich bin jedoch von meinem Erlebnis so aufgekratzt, dass an Schlaf nicht mehr zu denken ist. Also stehe ich auf, gehe leise ins Bad und mache mich schnell frisch. Meine Eltern kommen gerade aus ihrem Schlafzimmer, als ich fröhlich vor mich hin summend die Kaffeemaschine einschalte und den Frühstückstisch decke. Völlig verschlafen betreten beide die Küche. Mein Vater reibt sich die Augen und meiner Mutter bleibt überrascht der Mund offen. Ungläubige Blicke wechseln zwischen ihnen hin und her. Bevor sie noch realisieren können, dass sie nicht träumen, trällere ich ihnen entgegen: „Guten Morgen! Kaffee ist fertig, der Tisch ist gedeckt, und ich muss jetzt zur Schule! Bis später!“ Grinsend und summend verlasse ich das Haus und höre noch im Gehen ein verdattertes Stottern: „Äh ja, danke! Guten Morgen!“

Das erste Mal fällt mir auf meinem Schulweg auf, dass

die Blumentröge frisch bepflanzt sind und es nach Rosen und Lavendel duftet. Ich höre die Bienen summen, die Vögel zwitschern und genieße die wärmende Morgensonne. Ich lächle die Menschen an, die mir begegnen und alle grüßen freundlich zurück. „Fröhlich sein, ist anscheinend ansteckend ...“, geht mir durch den Kopf. „... und ich sehe plötzlich nur schöne Dinge!“

In der Schule angekommen, bin ich zum ersten Mal nicht abgehetzt und mit dem letzten Läuten im Klassenraum. Ich nutze die Zeit und lese mir noch schnell den Stoff der letzten Stunde für die Wiederholung durch.

Ein Junge, der mich immer geärgert hat, gesellt sich zu mir. Diesmal machen wir gemeinsam Späße, und während wir miteinander lachen, kann ich mir plötzlich durchaus vorstellen, dass wir Freunde werden.

Als mich die Mathe-Lehrerin zur Wiederholung an die Tafel ruft, fühle ich ein kurzes sehr bekanntes Ziehen in der Magengegend. Doch noch im gleichen Moment spüre ich die Hand meiner Oma auf meinem Rücken, und es durchfluten mich Wärme und innere Stärke. Ich sehe Eifer vor mir, und die Leidenschaft lächelt mich an.

Diesmal geht mein Blick nicht schüchtern zu Boden, und mein Gesicht bekommt auch keine roten Flecken. Innere Ruhe und Zuversicht breiten sich in mir aus, ich lächle meine Lehrerin an und kann ihr ohne Probleme alle Fragen beantworten. Sie ist sichtlich begeistert, lobt mich für meine Leistung und ermutigt mich, so weiterzumachen.

Ich kann mich gar nicht erinnern, wann ich das letzte Mal so stolz auf mich war. Ich fühle mich einfach nur glücklich und stark! Ich kann es gar nicht erwarten, nach der Schule meiner Oma alles zu erzählen.

Als ich bei ihrer Gartentüre ankomme, sehe ich sie schon in ihrer Strickjacke, mit einer dampfenden Teetasse, auf dem kleinen Holzbänkchen vor dem Haus sitzen. Lumpi läuft bellend und wedelnd auf mich zu und begrüßt mich stürmisch. „Hallo, mein Schatz! Du strahlst ja so! Möchtest du auch einen Kräutertee?", begrüßt mich meine Oma. Sie wartet meine Antwort gar nicht ab, drückt mich herzlich an sich und holt mir eine Tasse.

Voller Begeisterung erzähle ich ihr in jeder Einzelheit von meinem Traum und den Ereignissen, die danach folgten. Wie gewohnt, hört meine Großmutter aufmerksam zu, nickt hie und da oder schmunzelt wissend vor sich hin, unterbricht mich jedoch nicht in meinen Ausführungen. Als ich am Ende meiner Geschichte angekommen bin, nimmt sie mich in den Arm und meint: „Ich freue mich so für dich, mein Schatz. Das waren ganz wundervolle Erlebnisse. Denke immer daran, was du für großartige Eigenschaften in dir trägst, und lass dir nie wieder von irgendjemand etwas Anderes einreden. Du bist etwas ganz Besonderes, und ich bin sehr stolz auf dich!"

Nun ist es schon höchste Zeit, nach Hause zu gehen, und ich verabschiede mich von meiner Großmutter mit einer innigen Umarmung. Im Gehen fällt mir noch etwas ein: „Oma, weißt du warum du in meinem Traum warst und dich in die Liebe verwandelt hast?"

Sie sieht mir voller Zuneigung in die Augen, zwinkert schelmisch und sagt: „Das wird wohl ein Geheimnis bleiben."

Ich könnte schwören, ich habe dieses Glitzern in den Augen meiner Großmutter schon in meinem Traum gesehen …

Nachwort

Dieses Buch ist dazu gedacht, es öfter und immer wieder mal zu lesen. Es wird Dir jedes Mal etwas Neues auffallen, und vielleicht entdeckst auch Du einen weiteren Teil in Dir, um Deine eigene innere Wandlung zu vollziehen und stark, zufrieden und glücklich zu sein.

Ich wünsche mir, dass dieses Büchlein Kinder wie Erwachsene und ebenso Lehrkräfte dazu anregt, neue Wege zu beschreiten. Sprecht darüber, wie es euch geht, was ihr euch wünscht und was ihr in eurem Leben machen wollt. Alles was ihr euch vorstellen könnt, könnt ihr auch verwirklichen! Heilt euer inneres Kind und helft unseren Kindern dabei, ein glückliches Leben zu leben, denn das ist unser aller Geburtsrecht und deshalb sind wir hier auf Erden!

Alles Liebe, Elisabeth Langenbach

tredition®

ISBN Softcover: 978-3-347-60244-1
ISBN Hardcover: 978-3-347-60245-8
ISBN E-Book: 978-3-347-60246-5

Druck und Distribution im Auftrag des Autors:
tredition GmbH, Halenreie 40–44, 22359 Hamburg, Germany